HISTORIQUE

DU

252ᴹᴱ BATAILLON

De la Garde Nationale de la Seine

(BATAILLON DE L'ILE DE FRANCE)

PENDANT LE SIÉGE DE PARIS

PAR

J. FONS

COMMANDANT DU BATAILLON

PARIS

IMPRIMERIE F. DEBONS ET Cⁱᵉ

16, RUE DU CROISSANT

—

1874

HISTORIQUE

DU

252ᴍᴇ BATAILLON

SOUS PRESSE :

BARTHÉLEMY-SAINT-HILAIRE

ET LA

LÉGION DE SEINE-et-OISE

PENDANT LA GUERRE DE 1870-1871

HISTORIQUE

DU

252ᴹᴱ BATAILLON

De la Garde Nationale de la Seine

(BATAILLON DE L'ILE DE FRANCE)

PENDANT LE SIÉGE DE PARIS

PAR

J. FONS

COMMANDANT DU BATAILLON

PARIS

IMPRIMERIE F. DEBONS ET Cⁱᵉ

16, RUE DU CROISSANT 16

1874

AVANT-PROPOS

Les vaincus de 1806 et 1807 avaient gardé dans leur cœur, pendant plus d'un demi-siècle, le souvenir amer de leurs défaites, et ils méditaient de s'en venger.

Ils apportèrent à cette résolution une patience savante et la tenacité de la rancune; ils inondèrent la France de leurs ouvriers, de leurs ingénieurs, de leurs oisifs, qui, durant soixante années, envoyèrent à Berlin des notes sur nos mœurs, notre industrie, notre situation géographique, et la France accueillait avec bienveillance ces gens qui, tous les jours, lui donnaient le baiser de Judas.

Les lauriers d'Eylau et d'Iéna étaient oubliés; vous savez quel fut le réveil.

On arracha les enfants de la France à la charrue, à l'atelier; on les habilla en soldats et on les jeta à la mort, sans expérience, sans pain et presque sans armes, pendant un hiver dont la Providence sembla doubler la rigueur pour les punir de leur crédulité.

Ce malheur est l'ouvrage des grands hommes de salon, des politiques de hasard et des parasites dont je vous parlais dans ma publication la veille du dernier plébiscite impérial, et dans ma profession de foi aux électeurs de Seine-et-Oise, le 8 février 1871.

HISTORIQUE
DU
252ᴹᴱ BATAILLON

LES PROMESSES DE BISMARCK

Il ne redoutait ni l'Autriche, ni la Russie, ni l'Angleterre, ni l'Italie; mais au souvenir de la France et de ses victoires passées, Bismarck fronçait les sourcils.

Que fit-il pour s'assurer de sa neutralité avant de commencer ses chicanes à l'Autriche?

Il promit à Napoléon III les bords du Rhin, et quand, après Sadowa, l'assassin de Boulogne lui demandait le prix de sa neutralité, Bismarck lui répondait : « Venez le chercher, » et rentrait dans les provinces rhénanes, qu'il avait fait évacuer par supercherie.

Plus tard, avec la même finesse, il promit à la Russie Constantinople et les provinces danubiennes, pour sa neutralité envers la France.

— « Enveloppez-vous dans une pelisse de renard,

lui dit-il, et nous déchirerons ensuite les traités de 1815 et 1856. »

— « D'accord, lui répondit Gortchakoff en se frottant les mains. »

Sachant aussi que l'ingratitude est l'indépendance du cœur, Bismarck va trouver l'Italie et lui tient à peu près ce langage :

— « Depuis trop longtemps la France fait parler d'elle, et l'orgueil du petit bonhomme devient tellement intolérable que, si tu veux rester neutre, la France est perdue et Rome sera ta capitale.

— « *Volo bene,* » répondit l'Italie en souriant.

Sûr de ces deux neutralités, Bismarck, sachant bien par ses mouchards que le moment était venu et que la France, à la suite de vingt ans de corruption, était en proie aux voleurs, aux traîtres et aux lâches, accepta le défi; le triste résultat, vous le connaissez. . . . .
. . . .

Un hoquet de dégoût sur la race maudite des empereurs et des rois, et à l'œuvre pour la régénération et la grandeur de la République française.

PREMIÈRE PARTIE

FORMATION DU 252ᵐᵉ BATAILLON

Les points noirs, aperçus de Lille par le perspicace Badinguet, se déroulaient sur nos provinces, pillant, sabrant et incendiant tout ce qui se trouvait sur leur passage.

La lâcheté de Sédan et la trahison de Metz précipitèrent bientôt les carnassiers du Nord sur nos plus riches contrées et sur Paris, objet de leur convoitise ; mais les citoyens de l'Ile-de-France, soucieux de l'honneur national, n'hesitèrent pas à abandonner leurs foyers pour venir se ranger sous les murs de la capitale, décidés à prendre part à la lutte terrible qui devait nécessairement en surgir, et s'associer aux souffrances physiques et morales de la grande et héroïque cité.

L'initiative de grouper ces membres épars, dont le nombre grossissait tous les jours, et d'en former un bataillon, revient aux citoyens : Chassin, publiciste ; Lacrosse, d'Argenteuil ; Aubry de Létang, de Creil ; Desnoyers, de Saint-Gratien ; et Plessier, de Meaux.

L'hôtel Drouot fut choisi pour le lieu d'enrôlement, et lorsque le chiffre permit une répartition de 90 à 100 hommes par compagnie, pour la formation d'un bataillon, on procéda à la nomination des officiers, sous-officiers et caporaux. Ceci fait, il fallait un chef; on constitua d'abord le bureau : Bouglet, capitaine, fut élu président; Fons et Destigny, capitaines assesseurs.

Le président, après avoir donné lecture de la loi concernant la garde nationale, sur la nomination du chef de bataillon, il fut fait appel aux citoyens de tous grades, désireux de se proposer pour commandant.

Le citoyen Chassin se présenta seul, et après une profession de foi ferme, énergique et des plus républicaines, on procéda au vote; le résultat du scrutin fut à l'unanimité en faveur du citoyen Chassin.

Dès le lendemain, 15 septembre 1870, nous recevions le numéro 252 de la garde nationale de la Seine, avec le titre de bataillon de l'Ile-de-France.

Le bataillon, ainsi constitué, fut employé par le génie, et fit les travaux de fortifications du 4ᵉ secteur, bastions 34 à 45, de la grande rue de la Chapelle à la route d'Asnières, sous les ordres de l'ingénieur Deroide.

Le 31 octobre, à la suite de la manifestation de l'Hôtel-de-Ville, le commandant Chassin fut révoqué.

MOTIFS ET APPRÉCIATION DE CETTE RÉVOCATION

D'accord avec le maire du 9ᵉ arrondissement, le

commandant Chassin avait entrepris de tirer des huit compagnies de chaque bataillon les habitants de la banlieue connaissant le mieux les localités occupées par l'ennemi et les sentiers y aboutissant. Le 252ᵉ aurait aisément fourni deux ou trois cents paysans, excellents marcheurs, guides hors ligne, même de nuit, et les meilleurs des éclaireurs patriotiques.

Une liste, avec indications précises des localités, fut remise au maire Ranc; mais le brusque départ de celui-ci pour Tours, en ballon, fit tomber cette tentative.

Cependant la Commission d'armement du 9ᵉ arrondissement avait invité tous les chefs de bataillon de la circonscription à traiter avec elle de l'organisation d'un ou plusieurs *régiments de marche*. D'après l'affiche que la Commission de la mairie avait préparée, il s'agissait d'obtenir des volontaires des divers bataillons et d'en faire un corps spécial. L'idée, bonne au fond, en ce qu'elle avait pour but de fournir de nouvelles forces offensives, était mauvaise en pratique, car elle risquait d'aboutir à la désorganisation des bataillons.

Après trois réunions successives, les commandants du 9ᵉ arrondissement, en très-grande majorité, refusèrent d'ouvrir des registres d'inscription, ne voulant pas distraire de leurs compagnies les éléments solides grâce auxquels s'opérait l'instruction militaire et se maintenait l'esprit patriotique de la totalité de leurs hommes.

Le commandant Chassin proposa :

1° Recueillir des volontaires par inscription dans chaque bataillon, et, sans les en faire sortir, les réunir, suivant leur nombre, en une ou plusieurs compagnies;

2° Détacher, pour les sorties, ces compagnies de marche des sédentaires, et les mettre, groupées en bataillons ou régiments, sous les ordres des chefs de bataillon du quartier à tour de rôle, et, au besoin, de colonels élus.

A cette motion se rallia presque l'unanimité des chefs de bataillon du 9ᵉ arrondissement. Ce qui n'empêcha pas la Commission d'armement de poursuivre l'exécution de son plan primitif.

Le 19 octobre, le maire, Gustave Chaudey, convoqua une réunion de cette commission et des commandants.

Le colonel Montagut, chef d'état-major, et le général Tamisier y expliquèrent l'économie d'un projet de décret soumis ce jour-là même au gouvernement de la Défense nationale. Deux points en furent critiqués avec plus ou moins de succès. Le 21 parut au journal officiel le plan d'organisation des bataillons de sortie de la garde nationale, dressé par le commandant supérieur Tamisier, approuvé par le gouverneur Trochu.

Durant toute une semaine, des registres furent ouverts dans tous les bataillons; mais les inscriptions volontaires ne produisirent, presque dans aucun, le chiffre espéré.

Afin de pénétrer les causes diverses de l'insuccès du décret du 19 et de presser l'organisation des bataillons de marche, l'état-major convoqua tous les commandants de la garde nationale de Paris en assemblée générale pour le samedi 29 octobre.

Sur les deux cent soixante chefs de bataillon, il

n'en manquait pas dix au rendez-vous. La petite salle du Club des Mirlitons, place Vendôme, était complétement remplie. Les commandants étaient tous en uniforme et en armes.

De cette assemblée extrèmement importante, dont il ne fut presque pas question dans les journaux du temps, leur publicité et l'attention publique se trouvant absorbées par la terrible nouvelle de la reprise du Bourget par les Prussiens, de la capitulation de Metz, et aussitôt après par la journée du 31 octobre.

A l'ordre du 252ᵉ bataillon, le dimanche 30 octobre, le commandant Chassin en fit le récit suivant :

« La séance s'ouvre à cinq heures sur la présidence de Jules Favre, assisté du général Tamisier, qu'entoure un brillant état-major.

« Le célèbre orateur prononce un très-long et très-beau discours, dont toutes les parties politiques sont presque unanimement applaudies.

« Il commence par déclarer, avec indignation, que ceux-là *se trompent ou mentent*, qui accusent le gouvernement de la Défense nationale de négliger la guerre pour s'occuper d'une paix honteuse; de désespérer de la victoire et de *chercher à obtenir un armistice, prélude d'une capitulation;* d'avoir reçu des nouvelles de Metz, annonçant la chute de ce grand boulevard national, et de le dissimuler au public. Le gouvernement, dit-il ensuite, malgré les calomnies au-dessus desquelles sa conscience du bien public s'élève, malgré les impatiences souvent nobles et qui ne font que raffermir sa confiance dans le succès, le gouvernement est absolument convaincu de la puissance militaire que peut acquérir la garde nationale, et du dévouement des chefs qu'elle s'est donnés.

« La plainte qu'élève Jules Favre sur la lenteur de l'organisation des bataillons de marche, et les divers plans qu'il expose sur la militarisation des nouveaux corps ainsi formés, soulèvent de très-vives objections.

« La garde nationale, explique-t-il, va enfin jouer le rôle important auquel l'appelait son patriotisme. Chaque bataillon fournira quatre compagnies entièrement mobilisées qui recevront le campement, et l'équipement complet de guerre; ces compagnies seront formées de volontaires, puis des célibataires de vingt-cinq à trente-cinq ans, et enfin des jeunes mariés de cet âge, si les deux premières catégories ne fournissaient pas l'effectif nécessaire.

Ainsi mobilisée, la garde nationale sera mise à la disposition des généraux, qui l'emploieront *en réserve*, la faisant marcher au combat derrière les troupes de ligne et la mobile.

« Comme beaucoup de chefs de bataillon murmuraient sur ce mot *en réserve*, le vice-président du gouvernement ajoute :

« Ceux d'entre vous, messieurs, qui sont au courant de l'art militaire, ne me démentiront pas si j'affirme que les grands hommes de guerre n'emploient pas leurs plus mauvaises troupes, au contraire, par cette précieuse *réserve*, qui arrête les retraites précipitées et rend les victoires décisives.

« Sur ce, la majorité applaudit, la minorité proteste.

« Gustave Flourens s'élance au pied de l'estrade où siége le bureau.

« — Commandant, lui crie le général Tamisier,

vous portez les insignes d'un grade qui vous a été retiré.

« — Mon général, répond Flourens, je n'ai pas eu le temps de faire enlever les galons de major que porte mon ancienne capote; mais c'est en simple qualité de chef de bataillon réélu que je réclame la parole.

« — Monsieur Flourens, dit Jules Favre d'un ton très-aigre avec les mots les plus *félins,* votre ardeur trouvera sans doute son emploi dans nos plans, au poste le plus périlleux; si vous avez quelque conseil utile à produire, je vous donnerai la parole et prierai l'assemblée de vous écouter comme je le ferai moi-même, avec calme; vous souffrirez, néanmoins, que je laisse parler avant vous ceux qui se sont fait déjà inscrire au bureau.

« Le commandant Rochebrune, celui-là même qui devait, quelques semaines plus tard, à Montretout, trouver une si glorieuse mort, critique le plan développé par le représentant du gouvernement, et déclare qu'il le trouve aussi dangereux au point de vue politique qu'insuffisant au point de vue militaire.

« La garde nationale, dit le jeune héros de la
« dernière insurrection polonaise, a déjà montré,
« dans les trop rares sorties où l'on n'a pas dé-
« daigné ses services, qu'elle est capable de se
« bien battre; elle se battra d'autant mieux
« qu'ayant plus de confiance en elle, on lui per-
« mettra de s'engager davantage; ne la frac-
« tionnez pas, ne la mêlez pas à d'autres corps, ce
« qu'elle pourrait prendre pour de la défiance,
« vous centuplerez sa force morale et matérielle
« en la laissant elle-même se constituer une nou-
« velle armée, avec les conseils de ses généraux à
« elle,

« Si, par petites troupes, vous la mettiez der-
« rière, à côté, si vous voulez, de la mobile et de
« la ligne, pour ne servir que selon le gré des
« chefs de l'armée régulière, qui ne l'aiment point,
« l'accusent même de pousser à des sorties à ou-
« trance dont elle n'apprécie pas les difficultés et
« les périls, vous lui ôteriez l'esprit de corps qui
« l'exciterait; vous lui ôteriez son drapeau parti-
« culier, celui de la République en même temps
« que de la patrie, pour la défense duquel elle est
« prête toute entière à vaincre ou à mourir.

« Il y a des gens qui veulent que la garde na-
« tionale, isolée en petites fractions, se fasse tuer
« peu à peu et inutilement. Ce que nous deman-
« dons, nous, c'est qu'elle soit engagée par masses,
« et que tout le peuple de Paris ait le droit de dé-
« fendre ses foyers, de débloquer la capitale et de
« sauver la patrie. »

« Quelques anciens militaires, tout en louant l'ardeur juvénile du préopinant, soutiennent l'organisation officiellement préparée, et, à travers de nombreux murmures, contestent la solidité des bataillons populaires, si on les envoyait en bloc au feu.

« A quoi réplique le commandant Millière, qui se prononce pour la mobilisation générale de tout ce qu'il y a de jeune, de solide, d'énergique, et pour la concentration des compagnies sédentaires formant le dépôt, de tout ce qu'il y a d'âgé, de débile et d'inapte à la marche.

« Gustave Flourens affirme que Paris ne peut être sauvé que si l'on fait marcher en masse la garde nationale pourvue de fusils à tir rapide et d'une nombreuse artillerie. Nous avons, s'écrie-t-il, dans nos faubourgs, des bataillons populaires, des régiments entiers de solides ouvriers, qui ne veulent pas répondre à votre décret du 19 parce qu'ils sont tous prêts à s'élancer à travers les Prussiens. — Sortie en masse, sortie tout de suite, voilà ce que le peuple veut.

« Ce qui est très-vivement applaudi par les commandants à cheveux noirs, et contesté par les têtes blanches.

« Après deux discours des commandants Colfavru et Germain Casse, qui, en sens divers, maintiennent la question au point où les précédents orateurs et le gouvernement l'ont conduite, Jules Favre se lève et dit :

« — Nous sommes persuadés que M. Flourens, qui a si vaillamment défendu la cause des Crétois, saura, avec une égale vaillance, défendre la cause de Paris et de la France, son pays natal. Nous sommes convaincus que chacun des commandants ici présents continuera à faire noblement son devoir pour la défense, pour le salut de cette noble ville de Paris, dont la patience, la résignation, l'abnégation, la fermeté et l'héroïsme sont au-dessus de tout éloge et font l'admiration du monde entier.

« Ayez confiance en nous, messieurs, comme nous avons confiance en vous. Nous profiterons de l'élan patriotique que nous avons vu éclater dans le sein de cette assemblée, et des bons conseils que nous étions venus y réclamer. — La séance est levée. »

Le soir même du jour où s'était tenue cette réunion générale des chefs de bataillon de la garde nationale de Paris, la capitale apprenait avec indignation l'abandon du Bourget, si vaillamment pris et occupé, malgré le général Trochu.

Le lendemain, le bruit de la capitulation de Metz était officiellement confirmé, et le surlendemain apparaissaient sur les murailles deux affiches du gouvernement de la défense nationale, soulevant une universelle colère.

De là le mouvement du 31 octobre.

Le 252ᵉ bataillon n'y prit aucune part, mais il y perdit son commandant.

Nous empruntons aux journaux du 2 novembre 1870 cette explication de la conduite du citoyen Ch.-L. Chassin :

AU RÉDACTEUR

Paris, ce 2 novembre 1870.

Dans son numéro d'hier, le *Figaro* m'attribue, durant la triste journée du 31 octobre, un rôle dont vous me permettrez de rétablir le caractère et la portée.

Je n'ai rien, absolument rien fait ni dit de concert avec aucun des citoyens par vous cités.

Je suis arrivé à l'Hôtel-de-Ville à deux heures et demie, avec trois chefs de bataillon, comme délégué du comité de défense et du comité d'armement du 9ᵉ arrondissement. J'avais pour mission de réclamer des élections municipales immédiates et la remise des pleins pouvoirs de la défense nationale entre les mains du citoyen Dorian.

Le général Trochu et Jules Favre discutaient, dans la salle Saint-Jean, avec une autre délégation, sur l'affaire du Bourget. Leurs explications achevées, je leur présente ma demande. Jules Favre s'écrie :

— Êtes-vous bien sûr de parler au nom d'une notable fraction de la population parisienne?

— Faites ouvrir cette fenêtre, voyez et écoutez!

De la place, d'immenses cris retentissent :

— Pas d'armistice! La Commune! Guerre à mort! Vive Dorian!

Les deux membres du gouvernement se retirent afin de délibérer avec leurs collègues. Nous attendons une demi-heure, très-paisibles et employant toute notre autorité à empêcher la moindre intervention populaire. Par malheur, quatre coups de feu éclatent sur la place, et tandis qu'une partie de la foule se rabat sur le quai ou dans la rue de Rivoli, des groupes sans cesse grossissants remplissent le grand escalier de la maison commune.

Avis en est donné au Gouvernement. Rochefort se présente. Monté sur une table, il obtient difficilement le silence. Beaucoup de citoyens l'interpellent :

« Pyat avait donc raison ? »

Très-ému, très-pâle, il déclare qu'en principe le Gouvernement accorde les élections municipales ; qu'il ne s'agit plus que de la rédaction du décret.

« Mais nous ne voulons pas que cela. Il nous faut aussi la démission du Gouvernement!... Dorian! Dorian! » répètent vivement les assistants.

Rochefort disparaît. L'agitation devient menaçante à l'intérieur et à l'extérieur de l'Hôtel-de-Ville, qu'entourent, en armes, un grand nombre de bataillons de la garde nationale.

Je supplie mon ami Schœlcher d'user de toute son influence et pour calmer le peuple et pour convaincre le Gouvernement de la nécessité de la double mesure réclamée par les circonstances.

« A tout prix, lui dis-je, il faut que pas un coup de fusil ne soit tiré entre nous. Que le Gouvernement accorde les élections municipales, charge Dorian de former un nouveau cabinet, et, sur nos têtes, nous répondons de l'ordre! »

Schœlcher prononce quelques paroles très-bien accueillies, puis se retire vers le Gouvernement. Bientôt il reparaît, accompagné du citoyen Dorian. Celui-ci se précipite vers moi :

« Vous me connaissez, Chassin ; vous savez que je ne suis qu'un industriel, qu'un fabricant de canons, et pas un politique. Je ne connais rien que la République et la patrie. Laissez-moi, laissez-moi à mon métier!

— Votre modestie est admirable ; vous êtes sans ambition. Voilà pourquoi aujourd'hui le peuple n'a confiance qu'en vous, en vous seul. Pour le salut de la patrie et de la République, dans l'intérêt de l'union des citoyens, indispensable devant l'ennemi, acceptez, ne fût-ce que pour quarante-huit heures (le temps de faire les élections municipales) la responsabilité de la garde de Paris !

— « Je vous en supplie, laissez-moi à mes canons et à mes mitrailleuses. Vous ne ferez jamais de moi un chef de gouvernement. »

A mes prières et à nos acclamations répondent du dehors de formidables clameurs. Dorian et Schœlcher se retirent. Nous les suivons, *à trois seulement.*

Dans le salon des Secrétaires, nous rencontrons Etienne Arago. Il nous communique le décret concernant les élections municipales, *rendu sur la proposition unanime des maires des vingt arrondissements.*

Il veut immédiatement aller le lire dans la salle Saint-Jean et sur la place, supposant qu'ainsi tout péril disparaîtra. Nous essayons en vain de le convaincre du contraire. Il rentre bientôt, en proie à une indicible émotion ; la foule n'a pas voulu laisser parler le maire de Paris.

L'invasion des appartements du gouvernement devenait imminente. L'arrivée des bataillons de Belleville était signalée. Les diverses portes de l'Hôtel-de-Ville étaient forcées.

J'adjure de nouveau Schœlcher d'obtenir le plus parlementairement possible que la mission de former ce nouveau cabinet soit confiée au ministre Dorian, sûr que, ce point capital obtenu, *toute violence sera empêchée, toute intrigue ruinée.*

Schœlcher ne revenant pas, et la porte de la salle des Secrétaires devenant de plus en plus difficile à défendre, je me laisse introduire par un officier de marine en présence du Gouvernement.

« Citoyens, dis-je, l'Hôtel-de-Ville est envahi. La convocation des électeurs ne suffit plus. On crie autour de vous : « Démission ! Déchéance ! » Chargez l'un de vous, le citoyen Dorian, investi de toute la confiance du peuple, de composer un ministère de résistance à mort. Au nom de la République, au nom du salut de la patrie, au nom même de votre honneur, faites, faites vite. Si vous hésitez encore cinq minutes, vous serez ici même assaillis, violentés. Ne discutez plus, décidez ! »

Jules Favre allait parler. La porte s'ouvre avec fracas,

Je me précipite pour la refermer. Je suis moi-même rejeté par le flot populaire dans l'embrasure d'une fenêtre, presque étouffé, entre le préfet de police, Edmond Adam, et l'un des secrétaires du Gouvernement, Lavertujon.

Dans le chaos qui a suivi, je ne suis intervenu que deux fois :

La première, répondant à l'invitation du ministre Dorian, pour rappeler en vain les envahisseurs à l'ordre et à la question.

La seconde, entendant proposer trois ou quatre nouveaux gouvernements provisoires, pour m'écrier :

« Non, non ! pas de coup d'Etat, ni par en bas, ni par en haut ! Tout par le suffrage universel librement consulté ! Un seul homme, un membre du Gouvernement actuel, Dorian, garantissant à la fois la défense et l'entière liberté de la transition ! »

Incapable de me faire écouter, je n'ai plus eu qu'un souci : me dégager. J'ai pu enfin, entre sept et huit heures, sortir de l'Hôtel-de-Ville, navré d'avoir vu tant d'inintelligence politique chez les uns et tant de violence inféconde chez les autres.

Très-heureusement, la guerre civile a été évitée, et tout le sang des Parisiens réservé contre l'invasion étrangère. Mais, en triomphant de la juste indignation qu'a produite le rapprochement de ces deux nouvelles, — la capitulation de Metz, l'armistice préparé par la diplomatie monarchique de M. Thiers, — les républicains du gouvernement de la défense nationale ne se sont-ils pas suicidés ?

Et si Paris répondait *oui* à l'étrange plébiscite substitué au choix d'une municipalité, ne serait-ce pas le suicide du peuple, abandonnant à quelques-uns, comme naguère à un seul, son inaliénable souveraineté ?

La patrie et la République, l'honneur et les principes eussent pu être sauvés du 5 septembre au 31 octobre, — non par Blanqui remplaçant Trochu ou par Jules Favre immobilisant Ledru-Rollin, — mais par le vote libre du peuple, noyant ou neutralisant les personnalités et les coteries dans un immense élan d'enthousiasme patriotique et républicain.

Ch.-L. Chassin.

Le 3 novembre, au rapport, on lut aux officiers du 252ᵉ bataillon, en même temps que le décret de révocation inséré le matin au *Journal officiel*, l'ordre du jour d'adieu du commandant Chassin, ainsi conçu :

Citoyens,

Par décret en date du 2 novembre, je suis révoqué de commandant, que je devais à l'unanimité de vos suffrages. Cette décision, vous le savez, on a hésité vingt-quatre heures à la prendre ; nul de vous n'ignore qu'en toute circonstance j'ai su respecter les opinions même de la minorité d'entre vous, en affirmant les miennes à mes seuls risques et périls.

Je me contente d'avoir réussi à constituer un bataillon prêt à remplir vaillamment son devoir des réfugiés épars des départements voisins de Paris. Je ne me représenterai pas à vos suffrages, parce que je désespère de vous mener au feu, et que je ne veux pas entretenir parmi vous des divisions politiques.

Si, contre mon attente, revenait l'heure du danger, vous me trouveriez toujours disposé, faute d'un plus digne, à vous conduire à la victoire ou à la mort, pour le salut de la patrie et de la République.

Signé : CH.-L. CHASSIN.

D'après ce qui précède, on peut dire à haute voix que le citoyen Chassin fut révoqué parce qu'il est patriote à toute épreuve et sincèrement républicain.

DEUXIÈME PARTIE

ÉLECTION D'UN NOUVEAU COMMANDANT

Le 25 novembre 1870, sous la présidence du maire du 9ᵉ arrondissement, les officiers et un nombre égal de délégués nommés par compagnie, au scrutin secret, se réunissaient à la salle des séances de la mairie du 9ᵉ arrondissement, à l'effet de nommer un nouveau chef de bataillon.

Quatre capitaines et un sergent-major s'étaient portés candidats :

MM. Léonard, capitaine de la 1ʳᵉ compagnie
     Méhaulle, » 7 »
     Fons, » 3ᵉ »
     Destigny, » 2ᵉ »
     Quentin, serg.-major de la 2ᵉ »

Après l'appel nominal des votants, on passa aux examens. Théorie, administration militaire, manœuvres de bataillon et profession de foi : tel était le programme affiché, dès la veille, à la salle du rapport.

M. Destigny, capitaine, et Quentin, sergent-major, s'étant désistés, on procéda au vote. Le dépouillement du scrutin donna les résultats suivants :

    Léonard, capitaine   7 voix
    Méhaulle, »   11 »
    Fons, »   50 »

Le capitaine Fons ayant obtenu la majorité, fut nommé chef du 252º bataillon, en remplacement du commandant Chassin.

Jusqu'à ce jour, le rapport journalier ne mettait en question que les instructions données par le génie, relativement aux diverses corvées que le bataillon devait faire sur tel ou tel autre point du 4º secteur.

Quelques anciens militaires se plaignaient, à juste raison, que le rapport ne prenait pas une attitude militaire convenable.

Il était donc du devoir du nouveau chef, ancien militaire, de remédier à ce défaut de tenue ; aussi, dès le premier jour, il dicta le rapport suivant :

Le rapport journalier sera composé ainsi qu'il suit :

Le commandant,
Le capitaine adjudant-major,
Le capitaine d'habillement,
L'officier payeur,
Le porte-drapeau,
L'adjudant de semaine et les sergents-majors.

Ces derniers sont autorisés à se faire remplacer par le plus ancien sergent ou le fourrier de la compagnie.

Messieurs les commandants de compagnie feront remettre tous les jours au rapport les mutations et punitions survenues pendant les vingt-quatre heures, ainsi que le nombre de malades.

Messieurs les officiers s'entendront, dans chaque grade, pour désigner deux de leurs collègues, pour faire partie de la commission de réception d'effets de toute nature.

Les sergents-majors remettront demain, au rapport, le tableau de leur compagnie par sections, demi-sections et escouades; ils en trouveront le modèle dans le service intérieur (règlement du 2 novembre 1833.)

L'exercice aura lieu tous les jours, de 1 heure à 3 heures; on se conformera, pour l'instruction, au tableau affiché à la salle de rapport.

ARMEMENT DU BATAILLON

Désireux de donner des armes à son bataillon, le commandant ne perdait pas une seule occasion et réclamait sans cesse à l'état-major de la garde nationale et même au gouvernement, le prompt armement de ses hommes.

Mais, hélas! à l'Hôtel-de-Ville, tout aussi bien qu'à la place Vendôme, la capitulation était déjà chose entendue, et, d'un côté comme de l'autre, c'est le désarmement général qu'ils auraient voulu.

« Nous n'avons pas d'armes; » nous disait-on de tous côtés, « cherchez-en, et si vous en trouvez, nous vous armerons avec plaisir. »

Telle était la réponse invariablement faite à tous les chefs des bataillons non armés.

Un jour pourtant, on vient assurer le commandant que le 138ᵉ bataillon possédait 800 fusils, que le 38ᵉ en avait à peu près autant en plus de leur effectif valide. Jugez avec quelle joie il courut à l'Elysée ; mais là, écœuré par l'odeur du coup d'État de décembre, à la vue des initiales de l'Empire, du repaire des Morny, des Saint-Arnaud, des Maupas et d'une foule d'autres noms hideux au même titre ; troublé donc par ces sinistres souvenirs, il n'eut pas le courage de voir le général Clément Thomas ; il vit pourtant le colonel Munster, chargé de l'armement, et celui-ci lui promit que le 252ᵉ bataillon serait armé un des premiers.

En effet, quelques jours après, ordre fut donné d'armer les quatre compagnies de marche, mais hélas ! avec quels fusils : les uns sans chien, les autres sans baïonnette et, double fois hélas ! chers lecteurs, consultez le journal le *Siècle* de l'époque, sur l'armement du bataillon ; quant à nous, le courage nous manque pour vous en faire le triste récit,

Les chassepots ne manquaient pourtant pas, et le gouvernement savait fort bien que la rouille en rongeait des milliers dans les souterrains du fort de Vincennes.

RAPPORT

Le commandant ayant remarqué beaucoup trop d'absences à l'exercice, tous donnant pour prétexte la maladie (position difficile à contrôler, puisque les citoyens composant le bataillon logeaient aux quatre points cardinaux de Paris), dicta le rapport suivant :

Les malades du bataillon dont l'état ne leur permettrait pas de se rendre à la visite, hôtel Drouot, salle 11, sont autorisés à se faire soigner chez eux, ou bien ils pourront entrer à l'hôpital le plus près de leur domicile, où sous aucun prétexte on ne peut les refuser; dans l'un ou l'autre cas, ils feront prévenir immédiatement leur capitaine, afin que ce dernier puisse faire constater leur position par un médecin du bataillon.

Le commandant rappelle que les opérations du magasin doivent toujours être terminées à 3 heures, et qu'au moment du rapport, il ne doit y avoir dans la salle que les citoyens désignés et les officiers désireux d'y assister.

Messieurs les officiers sont priés de se réunir demain, à la salle du rapport, à 1 heure, le commandant y fera une conférence sur le tir.

QUATRE JOURS SANS SOLDE

L'émigration de la province continuait toujours, et de temps en temps le commandant recevait, recommandés par Barthélemy Saint-Hilaire et des maires provisoires des environs de Paris, quelques hommes à incorporer.

Tant que le bataillon ne dépassait pas l'effectif réglementaire et le chiffre imposé par l'état-major, non-seulement il se faisait un plaisir de venir en aide, quelquefois à la misère, mais encore un devoir de satisfaire aux sollicitations des personnages déjà cités.

(A cette époque on lui faisait l'honneur de la sollicitation : le temps change bien les choses et les hommes.)

Ecoutez-bien ceci, M. Barthélemy :

Un jour qui fera époque dans ma vie, comme à don César de Bazan, le jour de sa descente de la cheminée, je reçus une lettre de vous, me priant d'incorporer les deux hommes qui en étaient porteurs; n'écoutant, comme je le dis plus haut, que le sentiment du devoir, je fis porter ces deux hommes sur l'état de paie, sans me soucier si le chiffre était dépassé; mais hélas ! l'officier payeur revint ce soir-là sans solde, non-seulement pour ces deux hommes, mais pour tout le bataillon.

Jugez la position d'un commandant dont l'officier payeur n'apporte pas le pain attendu par beaucoup de familles, surtout à cette époque; heureusement, le cas n'étant pas prévu, les quelques mauvais garnements que j'avais à mater n'avaient pas eu le temps de préparer la potence, sans quoi, c'en était fait de moi et de vous aussi, Monsieur Barthélemy.

Malgré la neige qui tombait à gros flocons, nous fûmes obligés d'aller trouver le colonel Levrat, chargé des mutations, qui nous refusa net sa signature pour les deux hommes recommandés, et le bataillon resta 4 jours sans solde.

LE PENDANT DU MOT DE CAMBRONNE

Quelques jours après, vous m'écrivîtes une nouvelle lettre de recommandation, Monsieur Barthélemy. Vous ignoriez sans doute le cas qui nous avait mis à deux doigts des catacombes, vous de la rue d'Astorg, moi de l'hôtel Drouot ; aussi, cette fois, n'écoutant que mon indignation, je reçus fort mal vos recommandés, et je crois (que Saint-Hilaire me le pardonne) les avoir chargés de vous envoyer FF. (Je suis persuadé aujourd'hui qu'ils ont fait la commission).

AVIS AUX DÉSERTEURS

La plupart des citoyens faisant partie du bataillon étant indisciplinés, ils ne se rendaient pas compte de l'acte répréhensible qu'ils commettaient en changeant de bataillon sans l'autorisation préalable des chefs de corps. Pour obvier à ces tendances, le commandant mit à l'ordre du jour ce qui suit :

« Messieurs les commandants de compagnie se pénétreront bien de l'esprit des ordres du général commandant la garde nationale n°s 469 et 561 ; ils les feront lire de nouveau à l'appel d'onze heures et en feront la stricte application. C'est-à-dire que tout citoyen qui changera de bataillon sans en avoir fait la demande et en avoir obtenu l'autorisation du chef du corps qu'il veut quitter et de celui dont il désire faire partie, sera puni très-sévèrement et au besoin porté comme déserteur. »

A cette décision le commandant ajouta :

« Hier le commandant a vu avec peine que le lieu de réunion pour les appels est plus ou moins transformé en tapis de différents jeux ; quoique ne voulant en rien entraver la liberté des citoyens, il ne peut tolérer plus longtemps ce mauvais exemple, et compte sur les bons sentiments qui animent le bataillon pour que ces jeux cessent immédiatement. »

LES BRAS CROISÉS

Les travaux de fortifications terminés et six compagnies se trouvant toujours sans armes, il fallait pourtant chercher un moyen pour utiliser les forces et l'intelligence de ceux qui commençaient à se démoraliser.

Les opérations militaires étaient en voie d'organisation ; les sorties Trochu, selon son plan, devaient bientôt recevoir leur consécration ; de grandes affiches venaient d'annoncer à la capitale que certains chefs devaient mourir ou vaincre ; d'autres ne devaient jamais capituler, et une foule d'autres balivernes, comme les jésuites seuls savent en inventer, et qu'on aurait prises tout au plus pour une page des contes des Mille et une Nuits, si le moment n'avait été si sérieux et s'il n'y avait pas eu tant de patriotisme dans Paris.

De concert avec le maire du 9º arrondissement,

le bataillon fournit et organisa les brancardiers. Quelques jours après, ces braves et courageux volontaires rendaient d'éminents et signalés services, au milieu des batailles et combats hors Paris.

DISCIPLINE ET MORALE

L'institution très-démocratique des conseils de famille, dans les compagnies de la garde nationale, vint s'entre-choquer avec l'autorité ; l'incapacité des uns et la prétention des autres suscitèrent un antagonisme fâcheux et qui mettait à chaque instant en péril la discipline, qui seule fait la force des armées. Pour mettre fin à tous ces conflits, le commandant dicta le rapport suivant :

« Des dissentiments fâcheux s'étant produits dans quelques compagnies entre les officiers et les membres du conseil de famille, le commandant rappelle que le conseil de famille ayant un rôle tout moral, il ne doit s'immiscer aucunement à tout ce qui touche la discipline de la compagnie ; messieurs les capitaines y tiendront sévèrement la main et feront bien comprendre auxdits membres, *leurs subordonnés*, la différence d'attributions qui existe entre le conseil de famille et ceux qui par leur grade sont chargés du maintien de la discipline. »

* *

Afin de pouvoir fournir en temps opportun les

renseignements utiles à la commission qui sera chargée de la vérification des comptes, messieurs les commandants de compagnie remettront tous les mois, le 1ᵉʳ, au rapport, un état dont le modèle sera affiché à la salle de rapport (feuille de journées de troupe).

Les versements au trésor devant se faire tous les jours sans faute, l'officier payeur signalera au commandant, — qui les affichera à la salle de rapport, — les compagnies qui n'exécuteraient pas ponctuellement cet ordre.

Le nommé Devouges (Eugène), garde, est rayé du bataillon pour ivresse habituelle.

Le capitaine Simon, de la 6ᵉ compagnie, fera une enquête et un rapport au commandant, sur le manque au travail de 10 hommes de sa compagnie qui devaient se trouver ce matin à 7 heures au bastion 64.

Le commandant fera demain, à 1 heure, une conférence sur l'école de bataillon. Messieurs les officiers sont priés d'y assister.

***

D'après la conclusion résultant de l'enquête et du rapport du capitaine Simon, demandés au précédent rapport, et dont la faute, attribuée aux hommes de la 6ᵉ compagnie, retombait sur les officiers du génie auxiliaire, le commandant dicta la décision suivante :

« Le capitaine adjudant-major donnera l'heure exacte et le lieu de rendez-vous des corvées ; le commandant de ces corvées ainsi que les hommes devront se trouver très-exactement au lieu et à l'heure indiqués par l'ordre de service de l'officier du génie et si, dix minutes après l'heure, personne ne vient les prendre pour les conduire au travail, le commandant les autorise et il en prend la responsabilité, à ne pas attendre plus longtemps, par ce motif, qu'en toutes circonstances les chefs doivent donner l'exemple de l'exactitude. »

*
* *

Le commandant augmente de deux jours de prison le garde Gilbert, de la 6ᵉ compagnie, pour insultes envers son supérieur, et le prévient que, si pareil fait se renouvelait, il n'hésiterait pas à le faire traduire par devant un conseil de guerre.

Demain à une heure, conférence sur la discipline militaire appliquée à la garde nationale.

Afin que chacun connaisse à peu près ses droits et ses devoirs, le commandant conseille aux officiers, sous-officiers et caporaux, de lire de temps en temps le service intérieur, seul moyen pour ne pas faire de fautes graves, trop souvent commises plutôt par ignorance que par mauvaise volonté.

Le commandant témoigne toute sa satisfaction à messieurs les officiers, sur leur exactitude à suivre les conférences, mais il voudrait voir se produire quelques conférenciers pour l'aider dans ce service très-instructif.

Il compte donc que, demain au rapport, il aura quelques noms à inscrire, afin que ce service très-essentiel ne soit pas interrompu.

*
* *

L'indiscipline d'un officier suscita un commen

cement de rebellion dans une compagnie, contre le commandant, parce que celui-ci l'avait puni de deux jours d'arrêt pour infraction à un ordre donné.

Le soir même de la notification de cette punition, qui le prévenait en outre d'un rapport au général commandant la garde nationale, le capitaine Léonard vint trouver le commandant et, à la suite d'explications et raisons convenables, l'affaire fut arrangée par l'ordre du bataillon suivant :

ORDRE DU BATAILLON

En raison de la bonne tenue d'ensemble des compagnies de marche, je lève sans exception toutes les punitions.

Je saisis en même temps cette occasion pour dire à tous les citoyens composant le bataillon *que je ne crains personne, pas plus que je n'ai la prétention d'être craint de qui que ce soit*. Je vous ai toujours dit : je ne suis pas votre commandant, je suis votre camarade, votre ami ; le moyen de conserver cette camaraderie, cette amitié, surtout dans le moment suprême que nous traversons et dont, je l'espère, nous sortirons victorieux, c'est que chacun de nous fasse son devoir. Soyez persuadés, citoyens, que n'importe dans quelle circonstance, je ne faillirai pas au mien, et resterai toujours et pour tous dans les règles du droit et de la justice.

Le commandant,

Signé : J. Fons.

Paris, le 22 janvier 1871.

LE 252ᵐᵉ BATAILLON DEVENU 3ᵐᵉ BATAILLON
de la légion de Seine-et-Oise

Le pendant du mot de Cambronne, et les nombreuses visites que le haut dignitaire de Seine-et-Oise recevait, lui suscitèrent l'idée de former une légion.

Après plusieurs démarches au ministère de l'intérieur et au palais de l'Élysée, il finit par obtenir gain de cause. (Les saints Barthélemy réussissent toujours.)

Le décret du gouvernement de la défense nationale qui désigne le 252ᵉ bataillon de la garde nationale de Paris pour la formation du 3ᵉ bataillon de la légion de Seine-et-Oise, est tellement contradictoire, que le commandant se crut obligé d'aller trouver le général Clément Thomas. Celui-ci, ne pouvant lui donner une solution, appela le colonel chef d'état-major Montagut, qui, après avoir lu plusieurs fois le décret, déclara n'y rien comprendre; il n'avait pas tous les torts, car ce décret laisse le commandant de ce bataillon entièrement libre de ce changement, chose inouïe et qui démontre bien combien le désarroi était grand chez nos principaux chefs; enfin, pour sortir de cette position très-équivoque, le colonel Montagut dit : « Commandant, allez où vous voudrez, *c'est Barthélemy Saint-Hilaire qui est la cause de tout ce gâchis.* » Le commandant s'inclina devant tant d'autorité, et alla présenter son bataillon au lieutenant-colonel Deriveau, commandant la légion.

Dans ce monde nouveau, où on visait Jason et la route de Colchos, le commandant fut laissé de côté ; on forma les compagnies de marche, on les arma de chassepots, on partit en guerre à Montrouge, tout cela pour le bon motif et pour palper la solde et les vivres de campagne.

L'ancien 252° bataillon, surnommé le récalcitrant, parce qu'il voulait le respect du droit et de la justice, ne recevait rien, pas même les ordres qu'un chef de corps doit transmettre à la troupe qu'il commande.

Il ne pouvait en être autrement, la moindre expérience militaire (à quelques exceptions près) faisait complétement défaut, non seulement à la tête mais à tout le restant de la galomanie, et en fait de galomanie... quel abus ! c'était comme en Espagne, tout le monde officier.

BUT DE LA LÉGION

Le promoteur de la formation dont nous venons de parler démontra, avec un talent remarquable, l'utilité et les services que les citoyens des environs de Paris pourraient rendre à une troupe régulière, soit comme guides, soit comme éclaireurs, tout en offrant un appui matériel, conception admirable et digne de toute considération ; mais celui qui mettait en avant une si intelligente formation (mise déjà en théorie par le commandant Chassin, au sein de la commission d'armement du 9° arrondissement) savait fort bien que l'exécution n'en serait pas réalisée, d'abord, parce que ce n'était pas dans le plan de saint Capitulard, et qu'ensuite ses acolytes n'y tenaient pas beaucoup.

Je ne veux pas ici attaquer l'opinion de la masse, celle qui est toujours prête quand il s'agit de défendre le droit et l'honneur, le peuple enfin.

Ah ! ceux-là ne demandaient pas mieux que d'aller déblayer leur chaumière empoisonnée de choucroûte, et faire voir à la ligne, à la mobile, qu'il ne suffit pas d'avoir l'arme d'aplomb et la baïonnette à hauteur de l'œil, mais qu'il faut aussi, avec ces qualités de discipline, celle qui n'est pas moins essentielle, *l'amour sacré de la patrie*. Je n'hésite pas à le dire et c'est ma conviction, que ce précepte très-important, et qui nous a valu jadis d'éclatantes victoires, leur a fait complétement défaut.

Encore ici je n'attaque pas ceux qui font feu, qui traversent trois ou quatre fois les lignes ennemies à Reischoffen, qui enlèvent Mars-La-Tour, Gravelotte et le Bourget, mais bien ceux qui lèvent le drapeau blanc avant d'avoir fait brûler une amorce; ceux qui pactisent avec l'ennemi pour se faire les suppôts d'un vil assassin et recommencer un 2 décembre, et enfin ceux qui sont restés à table pendant quatre heures au Mont-Valérien, pendant que Buzenval était enlevé à la baïonnette par la garde nationale.

Les voilà, tous ceux qui ont vendu le patriotisme au prix de leur ambition personnelle et stupide, et qui osent encore aujourd'hui parader devant la France et le peuple qui les répudient à tout jamais. Honte, honte, à tous ces cafards et plats valets qui, de père en fils, sont toujours à l'œuvre pour la restauration d'un comte plus ou moins scrofuleux, d'un duc plus ou moins dévergondé et d'un prince plus ou moins assassin et lâche. Ils ne se rappellent donc pas :

> Quatre-vingt-treize, en ses grands jours de haine,
> A renversé trône, autel et beffroi ;
> D'un coup de hache il a brisé sa chaîne,
> Et mis son pied sur la tête d'un roi.

CONCLUSION

Les 29 février, 1er et 2 mars, le bataillon fut désigné pour garder certain troupeau de moutons parqués momentanément sur la place de la Concorde et aux Champs-Élysées, et puis :

Finis coronat opus.

Traduction libre : abrutissement et avachissement général, exemple pris sur le gouvernement dit : de la Défense nationale.

Un mot sur la composition de la liste des candidats à la députation du département de Seine-et-Oise

Le 25 janvier 1871, lorsque Paris apprenait avec indignation la capitulation, on songea à faire sortir de l'urne les représentants qui devaient aller à Bordeaux signer la paix et la rançon.

Un groupe du département de Seine-et-Oise vint offrir au commandant la candidature ; il déclina d'abord l'honneur de la députation ; mais, prié par le comité de direction et par un très-grand nombre d'électeurs, il se rendit dans toutes les réunions électorales où les comités avaient charge d'interroger tous les candidats. Il fut porté le 9ᵉ sur la liste, après avoir satisfait aux exigences des comités ; sur ce, il s'adressa au corps électoral en ces termes :

Citoyens,

Je vous demande vos suffrages, et je n'ai besoin, pour vous donner ma mesure politique, que de mettre sous vos yeux ce que je publiais à la veille du dernier plébiscite impérial :

Le plébiscite sur lequel vous êtes appelés à voter, en vertu d'une prétendue reconnaissance de la souveraineté du peuple, n'est qu'une façon hypocrite d'obtenir du peuple l'abdication de ses droits et l'aliénation de sa volonté ; car il aura pour résultat de consacrer :
1° L'hérédité du pouvoir dans la famille Bonaparte ;
2° Le maintien d'un Sénat nommé par l'Empereur ;
3° L'irresponsabilité du chef de l'État ;
4° L'attribution exclusive à l'Empereur du droit de faire la paix ou la guerre.

Dire Oui. — C'est signer des bons d'avance de plusieurs milliards qui seront gaspillés par le régime Bonaparte !

Dire Oui. — C'est accepter un Sénat d'hommes nuls, dont la seule occupation est d'obéir aux caprices du maître, et d'émarger en échange pour des centaines de mille francs par an.

Dire Oui. — C'est maintenir une armée permanente d'un million de jeunes gens qui, au lieu d'être utiles au champ ou à l'atelier, s'abrutiront dans les casernes et permettront à un républicain retourné de nous lancer cette phrase insolente : Nous serons la force.

Dire Non. — C'est affirmer à un pouvoir qui a fait faute sur faute et vidé nos caisses, que nous en avons assez, et que nos impôts sont insupportables.

Dire Non. — C'est donner un coup de balai au Sénat, au Conseil privé et aux autres grands corps de l'État, que nous supportons honteusement.

Dire Non. — C'est réduire l'armée à un très-faible chiffre, pour ne pas dire à un suisse peint sur la porte des Tuileries et qui suffirait pour sauvegarder les jours d'un Président de la République, qui certes serait loin de toucher 400,000 francs par mois comme sou de poche.

Citoyens, prouvez enfin que vous êtes des hommes et pénétrez-vous bien qu'un *Rastcil* d'un jour établit le jeûne et la misère d'une génération; méprisez les corrupteurs de conscience; restez toujours libres et, avec la liberté, nous nous débarrasserons bientôt des parasites du peuple.

Républicain depuis vingt-deux ans, vous m'avez vu à la tête d'un bataillon du département, prêt à mourir pour la défense de nos foyers. Mais, livrés hier sans combat, nous ne pouvons plus aujourd'hui espérer de vaincre de longtemps sur les champs de bataille, et j'arbore resolûment le drapeau du progrès pacifique, à l'ombre tutélaire duquel nous saurons bientôt relever notre malheureuse et chère patrie.

Vive la République universelle! seul Gouvernement qui puisse nous donner l'honneur, la sécurité, la justice.

Salut et fraternité.

J. Fons,
Commandant de la légion de Seine-et-Oise.

COMPOSITION DU BATAILLON

Grand Etat-major

Fons (Jacques), commandant.
Letoulat (Eugène), capitaine adjudant-major.
De Saint-Ferréol (Ferdinand), capitaine d'armement.
Bouvier (Ernest), officier-payeur des compagnies sédentaires,
Balin (Ferdinand), officier-payeur des compagnies de marche.
Poulain (Octave), porte-drapeau.

Petit Etat-major

Renard (Charles), adjudant des compagnies de marche.
Quentin (Eugène), adjudant des compagnies sédentaires.

Poulain (Ferdinand), fourrier d'ordre.
Chauvin, Tambour-maître.

1re Compagnie

Léonard, capitaine.
Dreux, lieutenant.
Lechanguette, Leclerq, sous-lieutenants.
Péroche, sergent-major.
Leclercq, sergent-fourrier.

Charpentier, Plessier, Redon, Vincent, sergents.

Cuny, Legrand, Pays, Chenard, Selle, Lebreton, Foucaud, Boudevin, caporaux.

Arpé, Brouet, Becheret, Bethmont, Beauvais, Brizoux, Bouglé, Bontemps, Bauchet, Bertrand, Charlot, Callette, Courtois, Crœgrets, Cotereau, Calais, Chantry, Canoville, Cremont, Charlier, Corneau, Cuyet, Chevance, Cousin, Charpentier, Dubarle, Dubais, Duval, Dourneau, Delavigne, Desvignes, Dufland, Durécu, Duhennois, Ferrey, Florentin, Fournier, Francfort, Finiquet, Gabriel, Gaudinat, Griset, Guict, Guyard, Gennot, Géniot, Humbert, Hayoit, Huvier, Herbette, Hermand, Janin, Lefèvre, Lavisse, Lescaille, Leclercq, Leroy, Leprieur, Laubé, Lafontaine, Lanuzeaux, Levêque, Lagende, Lemaire, Loisebu, Lavigne, Logaye, Legrand, Mars, Mayeux, Mauroy, Mignan, Monteiguicz, Malabre, Martin, Mismarcq, Matter, Noël, Panjade, Plée, Patey, Provain, Pierre, Prudence, Roblet, Raynaud, Rollet, Ratteau, Renard, Sandrin, Simon, Thèves, Valtrimy, Vigneron, Vauquelin, Vatrain, Corvisier, Colosse, gardes.

2me Compagnie

Destigny, Magnen, capitaines.

Guillaume, Nouguier, lieutenants.
Dalizier, Fouillot, sous-lieutenants.
Lamy, sergent-major.
Vittier, sergent-fourrier.

Petit, Buisson, Gatineau, Rouquier, sergents.

Desvaux, Gatineau, Genlis, Rougier, Buisson. Grenouillet, Blanpignon, Rueil, Finot, Levasseur, Fouillot, Tournus, Rodde, Gagnat, Breuvat, Bourdin, Marin, Etienne, Cousin, Paquet, Meurger, Jarnet, Bazile, Crépon, Touzet, Chobert, Grandin, Guniau, Houdard, Isocacard, Bourgeois, Lenoir, Bélicot, Jandry, Texier, Viennot, Cemas, Bouzeron, Prager, Fond, Charpentier, Villain, Salambié, Lepage, Cornillot, Gatineau, Baron, Dessuissart, Féry, Vannier, Vallet, Fouesnon, Gérodet, Deglin, Hencourt, Buisson, Noël, Delorme, Debray, Gausset, Jardin, Poiré, Pelet, Salomon, Bourgeois, Vinat, Martiu, Roby Gérard, Chatain, Lecol, Delanoy, Douary, Bélicot, Granjean, Gérard, Vannier, Grubert, Becrand, Camus, Douard, Doulay, Forget, Leuly, Biobé, Beulard, Pichon, Maillard, Gaillardet, Jardin, Gougeat, Dorche, Virrier, Badiaux, Jacquet, Degniz, Chéron, Bernier, Mérault, Gaurey, Robut, Speler, Renaud, Masse, Beilland, Hervé, Corvisier, Rouffi, Chaline, Choquet, Finet, Polet, Laurent, Jeulin, Buissard, Jacques, Lecœur, Plais, Carré, Gaucher, Médi, Hubert, Bernieu, Joly, Lechat, Maillot, Orange, Grand, Legendre, Lamy, Leloget, Dreux, gardes.

3ᵐᵉ Compagnie

Sardin, capitaine.
Capoulade, lieutenant.
Rebuffet, Casson, sous-lieutenants.

Collet, sergent-major.
Hudde, sergent-fourrier,

Templier, Poirier, Garnier, Marin, sergents.

Verger, Monti, Corvisier, Millière, Jenot, Debray, Rueil, Delettre, caporaux.

Collet, Marin, Millière, Jennot, Bonne, Mussiet, Marty, Verger, Girault, Tiemcelin, Mamiceau, Laferté, Pinguet, Deville, Ancelin, Mesley, Labiche, Roze, Beaupied, Collet, Collet, Duditlieu, Lange, Delande, Bordier, Kibler, Robin, Brénu, Builey Dubuis, Lecompte, Lamarche, Kacheler, Bordier, Sarazin, Bazil, Devougy, Potey, Henot, Missery, Guignard, Petit, Grenet, Brunet, Carqueville, Taupin, Forget, Pinson, Hiestand, Collin, Delion, Mauthiu, Martin, Legrain, René, Bauchy, Detry, Detry, Prudhomme, Brière, Legenre, Gauthier, Harang, Duval, Lebeurre, Lebeurre, Richebourg, Noël, Hausseau, Heuzard, Sautereau, Cassan, Balu, Lelong, Legros, Nolland, Gaucher, Musset, Picard, Villette, Juelle, Minery, Minery, Badaire, Leblanc, Vincent, Garnier, Haran, Giverne, Maugis, Brou, gardes.

4me Compagnie

Vincent, capitaine.
Raclot, lieutenant.
Balin, Aubry-de-l'Étang, sous-lieutenants.
Milleteau, sergent-major.
Romain, sergent-fourrier.

Pichon, Liger, Vaillot, Fourès, sergents.

Rocher, Thomas de Montpréville, Meunier, Anselme, Lecorvigier, Maugeon, Perrot, Pecquet, caporaux.

Hardy, Lebert, Lereau, Després, Guillon,

Bétard, Brimeur, Baner, Dutheuil, Durand, Jolivet, Lefèvre, Lecart, Rolland, Roux, Duteurtre, Denizart, Andrieu, Brun, Fourès, Lecorviger, Provot, Tribault, Mercery, Leger, Cholet, Navet, Lavergne, Lepage, Rousseau, Bessière, Thomas, Maugé, Jump, Cavron, Gay, Bouganet, Clavette, Perrot, Bonne, Massé, Lemercier, Desvignes, Clay, Leroy, Sternot, Cordier, Flécheux, Rizet, Garnier, Toussaint, Ameline, Meunier, Boucher, Bry, Chenal, Mangeon, Struby, Leroux, Delage, Perrot, Quesnel, Mettas, Rochet, Pequet, Lesueur, Blondeau, Hély, Vaillot, Pally, Basselet, Biarme, Marion, Rollet, Thévenot, Souvent, Deroin, Lefèvre, Saint-Maixent, Billouard, Bourvad, Diot, Diot, Manidrot, Dubois, Bonnet, Feau, Pochat, Pichon, Dubuis, Thomas, Alabauche, Dupuis, Bonnet, Thierry, Renault, Rollet, Maugeon, Perrot, Helly, gardes.

5ᵐᵉ Compagnie

FIN, capitaine.
HERLIN, lieutenant.
CATHIARD, CHAPRON, sous-lieutenants.
GOSSE, sergent-major.
LAGRANGE, sergent-fourrier.

A. Bardin, E. Bardin, Redon, Bordier, sergents.

Lauvergeon, Gaillard, Bessault, Chenaye, Fournier, Bessault, Grelier, Richard, caporaux.

Grain, Fournier, Lecolle, Duval, Cantanac, Chenaye, Carbonnet, Verrier, Chapron, Franc, Huvey, Duval, Liédet, Moreau, Rougé, Chatelin, Grelier, Dumonstier, Bordier, Beaumont, Petit, Martin, Chenaye, Régnier, Petit, Cheyse, Maugeard, Rouzé, Ryvelin, Gaillard, Baitholon, Charpentier, Redon, Soubayre, Tillet, Lecompte, Converset, Saulnier, Haranger, Gosse, Lame, Mariette, Tremoult, Aubry, Chatenay, Droguet, Renault, Lannois, Lounk, Benoît, Querel, Maris, Hanicus, Bordier, Bardin, Déon, Zec, Duditlieu, Mouy, Chenaye, Bordier, Operel, Tilgès, Bardin, Rouxeau, Lalevée, Boulard, Hanobergen, Vidran, Bordier, Libourdin, Benault, Joly, François, Cathiard, Michel, Dumeville, Rossignol, Prieur, Langlois, Luché, Edenberger, Selis, Mariette, Richard, Pelletier, Bessault, Dardin, Bauchet, Liédet, Dufresnoy, Bourreau, Rossé, Lebleu, Taffin, Sauvet, Converset, Louvergeon, Bellanger, Tétard, Laré Blondel, gardes.

6ᵐᵉ *Compagnie*

SIMON, capitaine.
JANNON, lieutenant.
CAGÉ, ARIZOLI, sous-lieutenants.
SAUVAGE, sergent-major.
ROUFFIAC, sergent-fourrier.

Porlier, Sauvage, Auzoux, Robin, sergents.

Blanchard, Vibert, Gueux, Raillet, Pinard, Loubert, Gouffé, Philippot, caporaux.

Caget, Porlier, Auroux, Alleau, Sauvage, Flan, Blanchard, Vibert, Queux, Philippot, Loubert, Pinard, Reuillet, Robinet, Breton, Andrieux, Aubry Andair, Auzoux, Anicet, Baron, Bériot, Boby, Buregard, Boninard, Boninard, Charpentier, Denoyers, Datrou, Dhuite, Devouges, Delormel, Decouin, Ferré, Flamand, Fournir, Gilbert, Gilles, Gouffé, Godard, Lecompte, Lorrain, Lepauvre, Martin, Pinard, Penon, Pinard, Pétit, Queux, Queux, Robin, Romer, Rigaud, Racinet, Renard, Sauvage, Betard, Terrieu, Terrieu, Sommade, Briquet. Gillet, Ghul, Huvet, Farcy, Huvet, Porlier, Cremart, Lesueur, Didier, Didier, Martin, Gillet, Chatelain, Bernaud, Bricot, Labry, Marce, Chuleu, Canon, Jannon, Fai, Fouquet, Grennuel, Hebert, Debauve, Brulon, Charpentier, Gouffé, Jamman, Masson, Sauvage, Huigres, Louvet, Gremart, Roger, Petit, Charpentier, Boby, gardes.

7ᵐᵉ Compagnie

MÉHAULLE, SULS GUEBERT, capitaines.
BOULLEROT, lieutenant.
PLAT, SECQUEVILLE, sous-lieutenants.
PIERRE-JEAN, sergent-major.
DUFOUR, sergent-fourrier.

Vittemets, Besnard, Lorinet, Berger, sergents.

Petit, Malaizé, Renault, Baillot, Perrin, Taillebais, Legros, Duffrenoy, caporaux.

Petit, Marchand, David, Marchand, Perrin, Taillebais, Perronne, Dufour, Levasseur, Anedoit, Levasseur, Baullerot, Thevenot, Gervais, Carré, Fay, Bonnefay, Merda, Mill, Jannest, Deschaussé, Gougeon, Guillamin, Malaize, Blot, Val, Vittenets, Gouffé, Frères, Gigot, Fay, Lemoine, Miet, Gaché, Brosse, Langé, Julien, Leger, Voisy, Colland, Thierry, Devant, Devaux, Barbier, Blot, Bonnevie, Lempereur, Lemoine, Aubry, Petit, Sallet, Mescuy, Grimbert, Dufrenoy, Bourgoin, Loize, Dubais, Fournier, Gaché, Blucheau, Bausselet, Bausselet, Gucher, Villiam, Vincent, Pasquet, Thorigny, Flamand, Baillot, Baissy, Decours Thorigny, Mariette, Courtois, Vuibert, Dubois, Tellin, Devauge, Rateau, Dubois, Mariette, Grenot, Ornet, Paris, Lemoine, Petit, Dufrenoy, Aubry, Legros, Godard, Sonniez, Grebault, Rousseau, Lemoine, Piat, Mullet, Roger, Lanyos, Revenez, Guillaume, Aubert, Pelletier, Lormet, Floret,

Branchant, Villiam, Jannot, Brulé, Faglin, Lambert, Delion, Fournier, Aubry, Jolivet, Gauzcon, Prevost, Renanet Pierre, Cadet, Mignot, Rolle, Couvent, Blisson, gardes.

8ᵐᵉ Compagnie

POURREAU, Capitaine.
DOIGNIES, lieutenant.
GERVAIS, SAMSON, sous-lieutenants.
LATHELIZE, sergent-major.
DAUCET, sergent-fourrier.

Daubris, Genise, Volant, Rouvel, sergents.

J. Sarazin, A. Sarazin, Aubray, Assac, F. Huet, J. Huet, Vincent, Dautris, caporaux.

Darré, Sarazin, Beaufils, Dupuis, Hebuterne, Lecuyer, Volant, Hubert, Ney, Badaire, Suzanne, Lambert, Herzog, Rouppe, Schlamke, Bamget, Baiteux, Narrat, Balagny, Huet, Villemain Pierre, Beaudeau, Suzanne, Lucard, Lambert, Gauthier, Huet, Arsac, Dupont, Chouille, Lefèvre, Bargist, Morel, Gougeon, Gauffé, Prévast, Picard, Dambié, Suzanne, Lefèvre, Pillet, Subtil, Nouvel, Genis, Jacquinet, Lecomte, Vermack, Julien, Balin, Jamot, Mullot, Degrospré, Voillerand, Huet, Heloin, Delaroche, Desprès, Vincent, Pourreau, Prim, Bouilly, Sarazin, Raby, Roussel, Livrat, Lagny, Lesage, Labeane, Driancourt, Jolivet, Jemin, Daby, Lefèvre, Aubry, Gauthier, Peyney, Tignoles, Fauberg, Leroy, Duteil, Daubier, Huet, Bremu, Darré, Leclercq, Noyer, Labaye, Philippe, Magny, Lessieur, Laporte, Lamotte, Persillard, Pays, Ribat, Martin, gardes.

Paris. — Imp. F. DEBONS et Cie, 16, rue du Croissant.

www.ingramcontent.com/pod-product-compliance
Lightning Source LLC
LaVergne TN
LVHW020053090426
835510LV00040B/1680